Kosmisch

Gary M. Forester

Reise um die Welt

Die berühmtesten Bauwerke unserer Erde

Kartei- & Legematerial

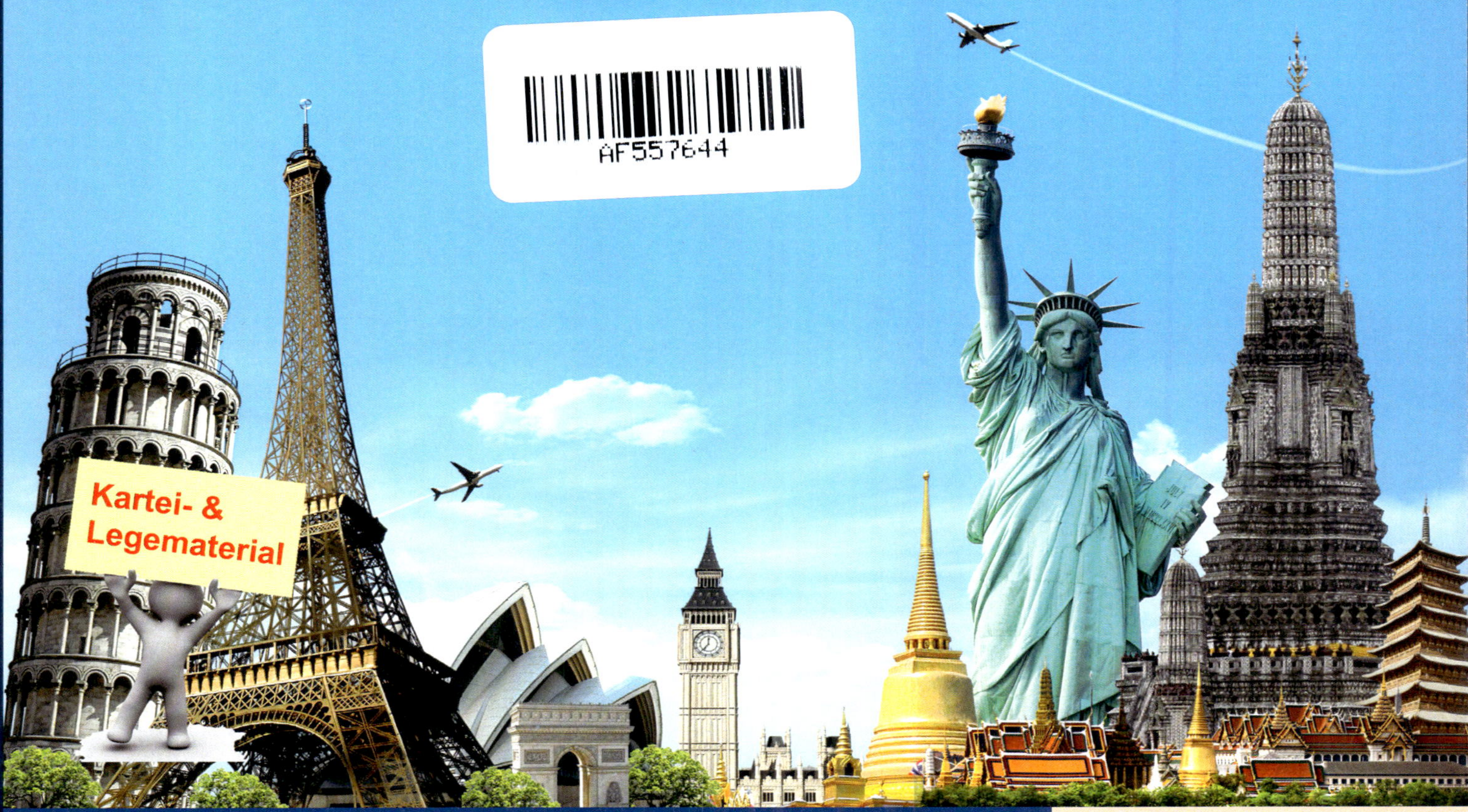

Lern- und Legematerial

Montessori-Reihe

www.kohlverlag.de

Reise um die Welt

Die berühmtesten Bauwerke unserer Erde

1. Auflage 2019

Inhalt: Kohl-Verlag, Gary M. Forester
Coverbild: © pozowizard - AdobeStock.com
Redaktion: Kohl-Verlag
Grafik & Satz: Eva-Maria Noack & Kohl-Verlag
Druck: farbo prepress GmbH, Köln

Bestell-Nr. 15 037

ISBN: 978-3-96040-443-9

Bildquellennachweis und © AdobeStock-Fotos:

Seite 5/6: © Sergey Nivens; **Seite 10**: © contrastwerkstatt; **Seite 7**: © brichuas; **Seite 8**: © wikimedia.org (2x); **Seite 9**: © Jan Schuler, © Pippa West, © von Engelsburg - wikimedia.org, © frenta; **Seite 11**: © tupungato, © st_matty, © Fotowasti, © SeanPavonePhoto; **Seite 13**: © moofushi, © Rhombur, © andreykr, © samott; **Seite 15**: © Cmon, © tonyv3112, © D.wine - wikimedia.org, © N.Chutchikov; **Seite 17**: © Aviator70, © Spiroview Inc., © Igz, © mrallen; **Seite 19**: © vkilikov, © tommypiconefotografo, © cosma, © Laika ac from UK - wikimedia.org; **Seite 21**: © brichuas; **Seite 22**: © wikimedia.org (2x); **Seite 23**: © Philip, © Daniel Meunier, © Pierre-Yves Babelon, © Henry Schmitt; **Seite 25**: © byrdyak, © szymon, © vitanovski, © Nadine Haase; **Seite 27**: © JackyR. - wikimedia.org, © Alex, © SimplyG1dd0 - wikimedia.org, © macrovector; **Seite 29**: © Tono Balaguer, © Smithfl - wikimedia.org, © wikimedia.org, © Wuestenigel - wikimedia.org; **Seite 31**: © W.Scott McGill, © travelview, © Mariordo - wikimedia.org, © Wollwerth Imagery - wikimedia.corg; **Seite 33**: © wikimedia.org (2x), © Alexey Suloev, © aiisha; **Seite 35**: © brichuas, © Lysenko.A.; **Seite 36**: © wikimedia.org (2x); **Seite 37**: © phillus, © wikimedia.org, © Sting - wikimedia.org, © Bruno Bernier; **Seite 39**: © Bob Duindam, © kalypso0, © gaelj, © Reinhard Jahn, Mannheim - wikimedia.org; **Seite 41**: © Yoann Combronde, © Daniela, © calliopejen - wikimedia.org, © Jeff McCollough, © Bill Boaden - wikimedia.org; **Seite 43**: © prudtinai, © AlexandraDaryl, © John Coppi - wikimedia.org, © 99of0 - wikimedia.org; **Seite 45**: © ClaraNila, © OliverFoerstner, © Rafael Ben-Ari, © JSilver - wikimedia.org; **Seite 47**: © Maridav, © tigatelu, © Cat - wikimedia.org, © Jiri Prochazka, © sergey88kz- AdobeStock.com; **Seite 49**: © brichuas, © Goinyk, © Gentoo Multimedia; **Seite 50**: © wikimedia.org; **Seite 51**: © Riksarkivet (National Archives of Norway) from Oslo - wikimedia.org, © Felix Riess - wikimedia.org, © Christian Delbert, © wikimedia.org; **Seite 53**: © wikimedia.org, © IzzetNoyan, © Paul Wolf, © Jerzystzelecki - wikimedia.org, © Christian Musat, © Murray Foubister - wikimedia.org; **Seite 55**: © Silver, © Big Rolo Images; **Seite 59**: © brichuas; **Seite 60**: © Spencer

Inhalt

KOHL VERLAG Reise um die Welt Montessori – Bestell-Nr. 15 037

Vorwort / Überblick

Berühmte Bauwerke, Sehenswürdigkeiten und Besonderheiten, was Landschaften, Einwohner, Geschichte und Tierwelt betrifft, gehören zu dieser Reise um die Welt.
Doch wo beginnt man, wo endet man? Hier finden Sie eine Auswahl für die 7 Kontinente unserer Erde. Nach dem Prinzip Maria Montessoris können die Schüler und Schülerinnen die Karten den „Berühmtheiten" zuordnen. Die Farben der Erdteile finden sich an den Bildern und Texten wieder und erleichtern die Bestimmung.

Im ersten Teil gibt es zu jedem Kontinent eine Startkarte: vorne die Landkarte und auf der Rückseite die Lage in der Welt mit kurzen Angaben zu Größe, Ländern und Bevölkerung. Weiter finden Sie zu jedem Kontinent 12 Kärtchen (vorne Bild, hinten Info), die farblich passend angelegt werden. Sie wählen die verschiedenen Kontinente, Bauwerke usw. aus. Bilder und Infos sind flexibel und auch einzeln einsetzbar.
Sie können also nur Europa und Amerika wählen, alternativ können auch nur Bauwerke oder Weltwunder ein Projekt bilden.

Im zweiten Teil finden sich 40 berühmte Gebäude, die auf einer Weltkarte als Symbole ortsnah platziert werden können. Ob Sie die Weltkarte mit den passend gefärbten Kontinenten oder die physische Karte einsetzen, hängt vom Wissensstand Ihrer Klasse ab.

__Tipp:__ Laminieren Sie alle Teile vor dem Ausschneiden, dann haben Sie länger Freude an dem Material.

Viel Interesse und Erfolg wünschen der Kohl-Verlag und *Gary M. Forester*

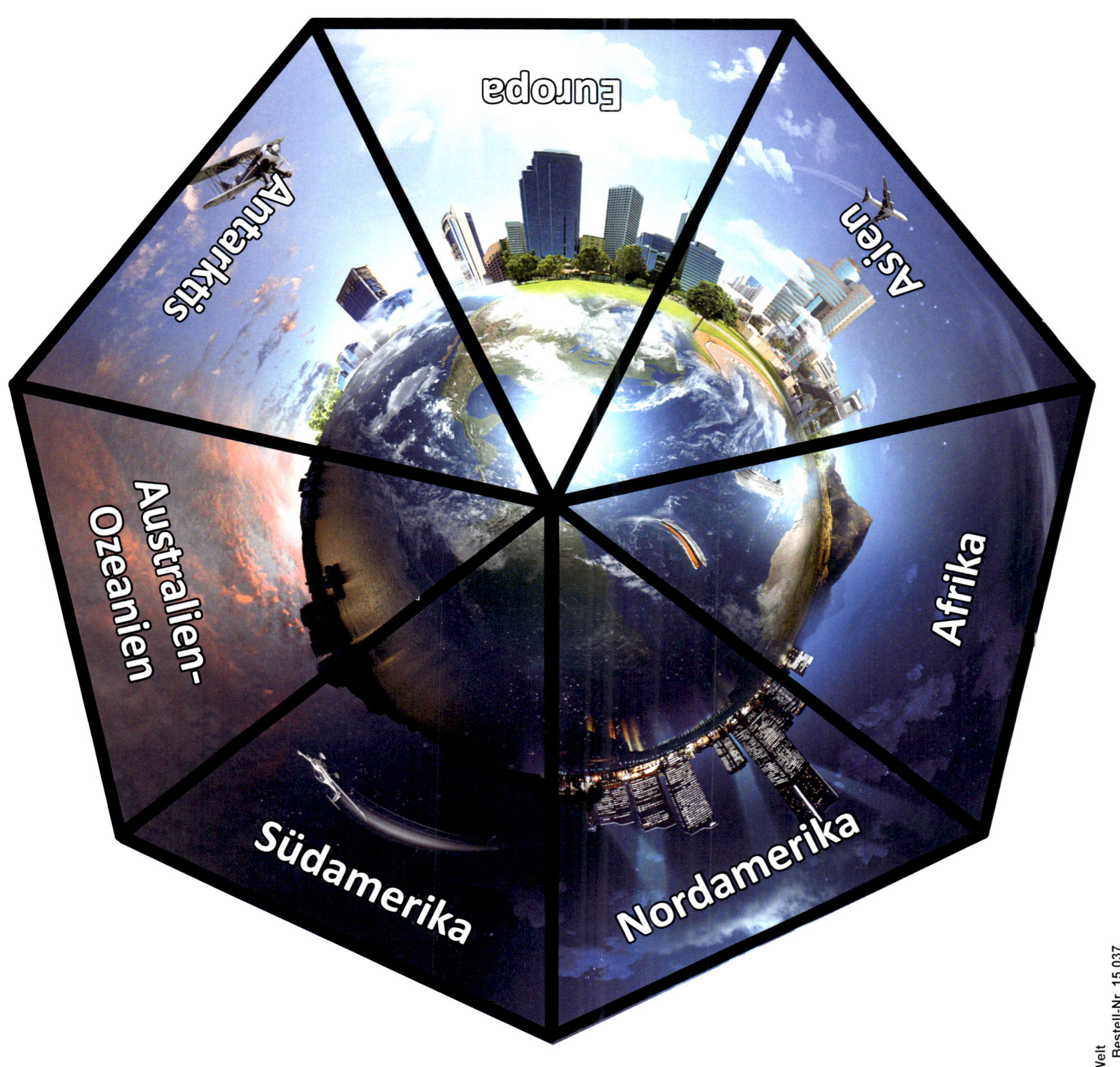

KOHL VERLAG
Reise um die Welt
Montessori – Bestell-Nr. 15 037

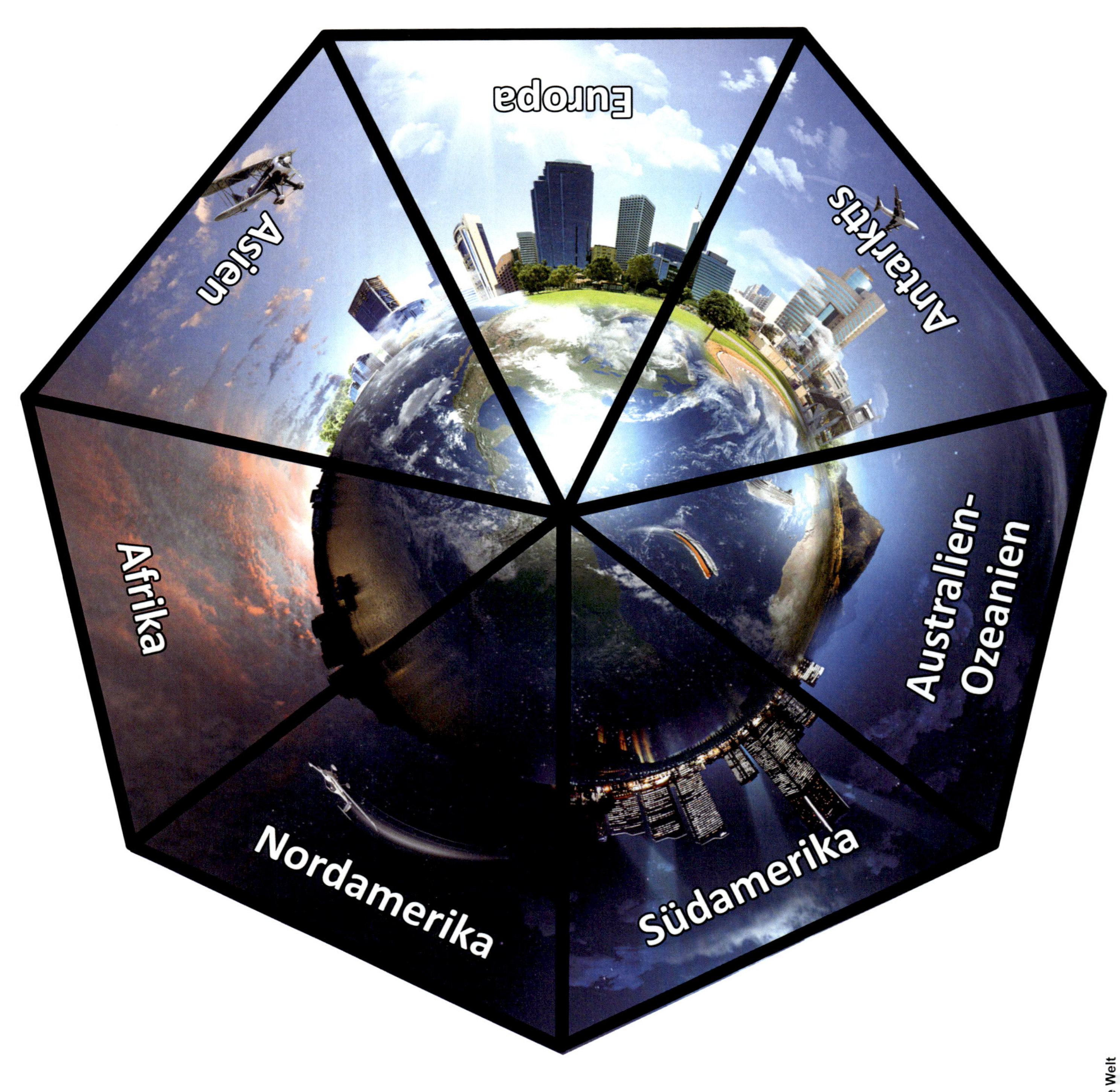
Europa
Antarktis
Australien-
Ozeanien
Südamerika
Nordamerika
Afrika
Asien

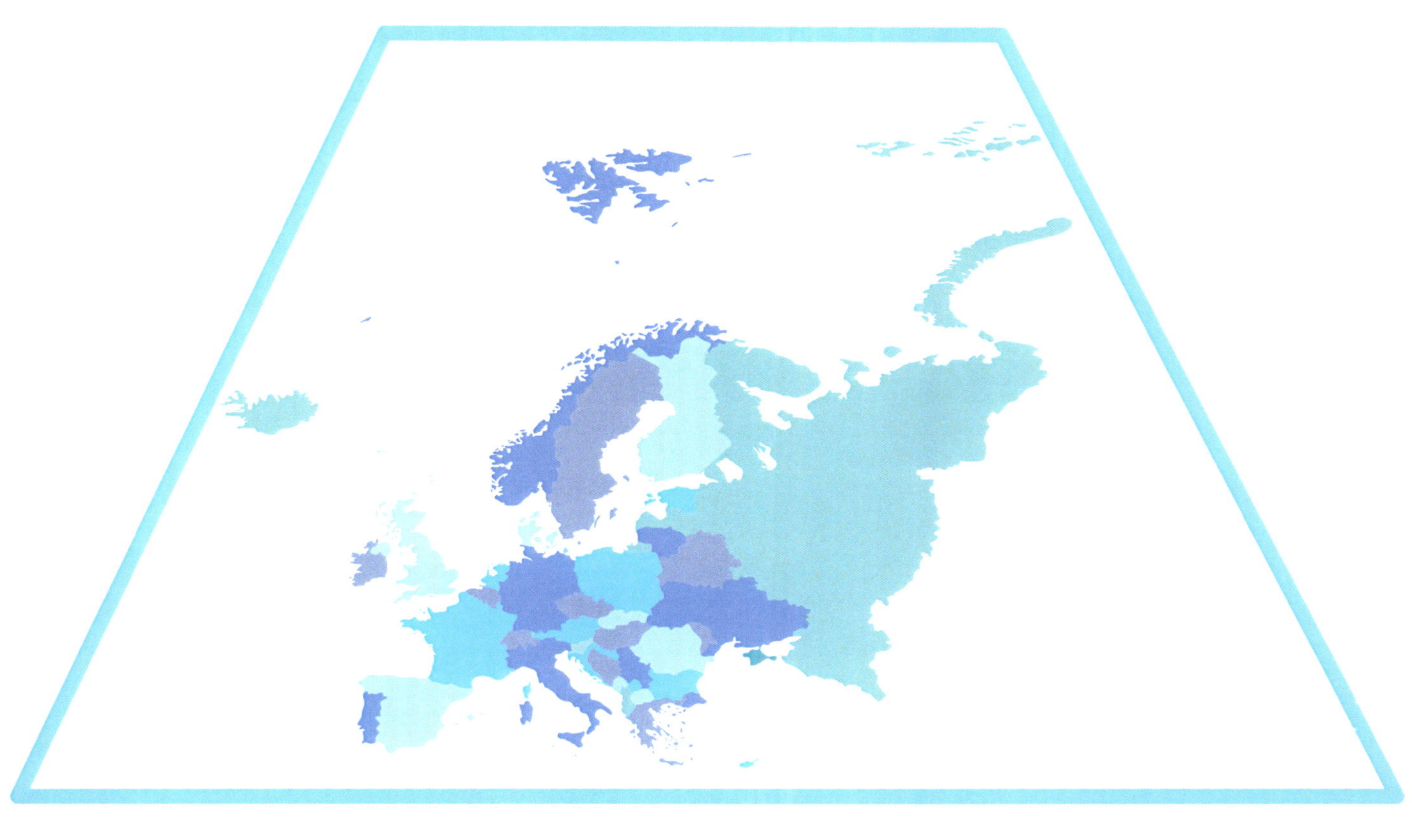

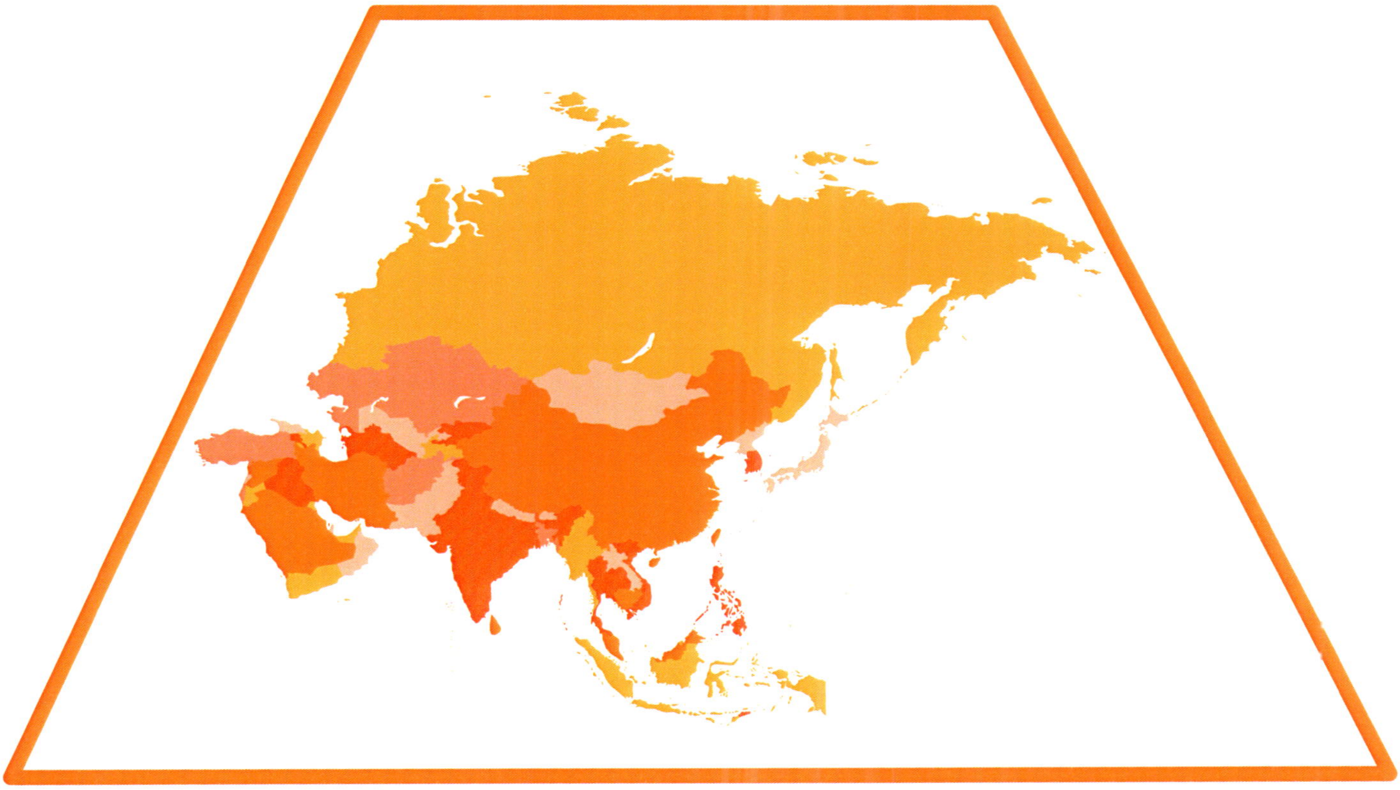

Europa

Fläche:	~ 10,5 Millionen km²
Bevölkerung:	746 Millionen (Mitte 2018)
Bevölkerungsdichte:	75 Einwohner/km²
Länder:	47

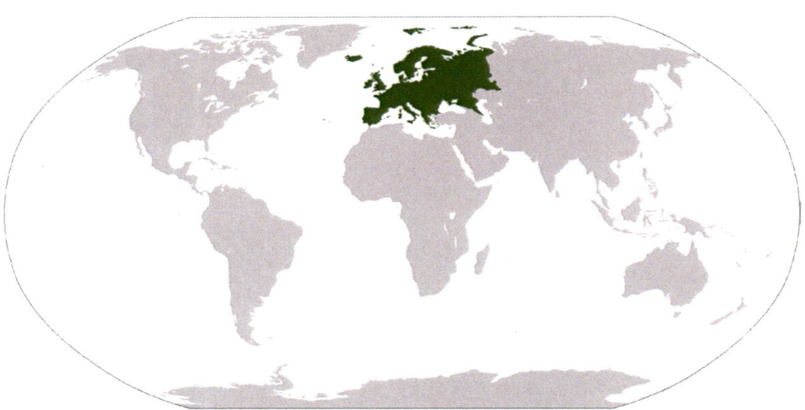

Asien

Fläche:	~ 44,6 Millionen km²
Bevölkerung:	ca. 5,5 Milliarden
Bevölkerungsdichte:	90 Einwohner/km²
Länder:	47 international anerkannt

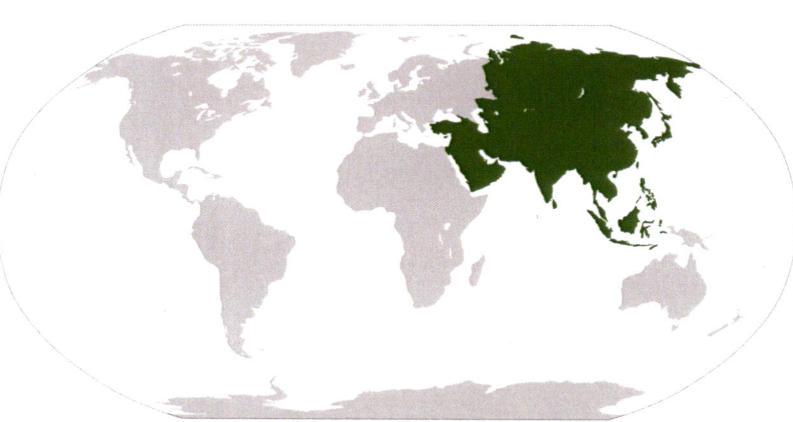

KOHL VERLAG
Reise um die Welt
Montessori – Bestell-Nr. 15 037

Kolosseum

Rom, Italien

Das Amphitheater in Rom wurde 79 n. Chr. fertiggestellt. In nur 8 Jahren bauten die Römer ihr – zur damaligen Zeit – größtes Theater auf. Die vorherige Arena brannte im „Großen Brand von Rom“ (64 n. Chr.) ab.

Das neue Kolosseum hatte drei übereinander liegende Arkadenreihen (mit je 80 Bogen) und war fast 450 Jahre lang Schauplatz von Tier- und Gladiatorenkämpfen. Es bot 50.000 Zuschauern Platz und war eine Meisterleistung. Zwei Erdbeben (847 und 1349) zerstörten das Bauwerk.

Akropolis mit Parthenon

Athen, Griechenland

Akropolis bedeutet Oberstadt, und so gab es in fast jeder antiken griechischen Stadt eine Akropolis. Doch heute ist mit Akropolis fast immer die Akropolis in Athen gemeint. Sie ist die erhaltene Stadtfestung der alten Stadt und wurde von 467 bis 406 vor Christus erbaut. Auf dem flachen, 156 Meter hohen Felsen soll eine Statue der Stadtgöttin Athene gestanden haben, weshalb ihr die Akropolis geweiht wurde. Der Parthenon ist der Tempel für diese Göttin auf der Akropolis.

Schiefer Turm von Pisa

Pisa, Italien

Mit dem Bau des Turms wurde im Jahr 1173 begonnen, und schon ein Jahr danach, als man gerade an den Bau der „dritten Etage“ gehen wollte, begann er sich zu neigen. Der Untergrund war nicht fest genug.

100 Jahre später (1275) baute man schließlich weiter. 1372 war der Turm endlich fertig, allerdings nur 54 m hoch und nicht 100 m wie geplant. Aber in den folgenden Jahrhunderten neigte sich der Turm immer mehr. Ende des letzten Jahrhunderts sicherte man das Gebäude.

Petersdom

Rom, Italien

Eigentlich heißt die Kirche Basilika St. Peter. Sie ist eine der größten sakralen Bauten und eine der am meisten besuchten Plätze der Welt. Der Petersdom ist das Zentrum des Vatikans. Hier spendet der Papst am Ostersonntag und am 1. Weihnachtsfeiertag seinen Segen "Urbi et Orbi". Von 1506 bis 1626, also 120 Jahre, wurde daran gebaut.

Der Vorgängerbau, auch Alt St. Peter genannt, ließ Konstantin der Große um 324 als Grabeskirche über dem vermuteten Grab des Apostels Simon Petrus errichten.

Der Petersdom ist 137 m hoch.

Reise um die Welt
Montessori – Bestell-Nr. 15 037

Tower Bridge

London, Großbritannien

Die 244 Meter lange Hänge- und Klappbrücke über die Themse wurde erst Ende des 19. Jahrhunderts zwischen 1886 und 1894 erbaut. Ihren Namen hat die Brücke nicht wegen ihrer zwei Türme. Sie ist nach dem nahen Tower of London benannt. Obwohl über sie eine Hauptverkehrsstraße führt, hat der Schiffsverkehr immer noch Vorrang. Für große Schiffe werden die beiden mittleren Brückenteile hochgeklappt.

Die oberen Verbindungen in 43 m Höhe sind begehbare Fußgängerbrücken.

Big Ben

London, Großbritannien

Ein Londoner Wahrzeichen ist der Big Ben. Meist bezeichnet man den Uhrenturm der britischen Hauptstadt damit. Genau ist es aber der Name der schwersten der fünf Glocken des Turms am Palace of Westminster. Mit 13,5 Tonnen Gewicht ist sie eine der größten der Welt.

Der Glockenturm heißt eigentlich Elisabeth-Turm, benannt nach Königin Elisabeth der Zweiten. Der Palace of Westminster ist der Ort, an dem sich das britische Parlament trifft.

Kölner Dom

Köln, Deutschland

Der Kölner Dom ist mit seinen 157 Metern das dritthöchste Kirchengebäude der Welt.

Der Dombau begann 1248 und zog sich über 600 Jahre hin. Zwischen 1531 und 1842 wurden die Arbeiten weitestgehend gestoppt. Erst 1880 war der Dombau beendet.

Der Kölner Dom ist 157 Meter hoch und war zwischen 1880 und 1884 das höchste Gebäude der Welt. Zur Turmspitze führen insgesamt 533 Stufen.

Schloss Neuschwanstein

Bayern, Deutschland

Schloss Neuschwanstein ist eines der prachtvollsten romantischen Schlösser der ganzen Welt.

Es liegt im Allgäu bei Füssen auf einem zerklüfteten Berg der Ammergauer Alpen. Erbaut wurde es von dem bayerischen König Ludwig II. (er lebte von 1845 bis 1886). Er starb jedoch, bevor der Bau fertig war.

Heute kommen jedes Jahr über eine Million Besucher, um das „Märchenschloss“ zu besichtigen.

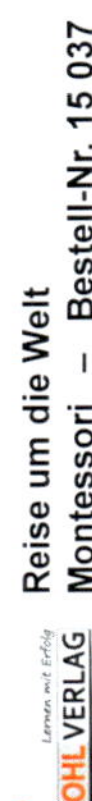
KOHL VERLAG

La Sagrada Familia

Barcelona, Spanien

Die La Sagrada Familia ist eine römisch-katholische Basilika, die nach einer Idee des katalanischen Architekten Antonio Gaudi erstellt wurde.

Der Bau der Kirche begann 1882 und ist bis heute nicht fertig, obwohl laufend daran gearbeitet wird. Von den 18 geplanten Türmen sind acht fertig. Derzeit sind zwei Fassaden prunkvoll ausgestattet: die Weihnachtsfassade im Osten und die Passionsfassade im Westen.

Der Bau soll 2026 zum 100. Todestag von Baumeister Antoni Gaudí fertiggestellt sein.

Brandenburger Tor

Berlin, Deutschland

Das zwischen 1788 und 1791 erbaute Brandenburger Tor ist das Wahrzeichen Berlins. Es ist auch Symbol der überwundenen Teilung.

Man gestaltete es der Akropolis in Athen nach. Gekrönt wird es von einer Quadriga mit der Siegesgöttin Victoria.

Bis zur Wiedervereinigung Deutschlands 1990 verlief westlich des Tors die Grenze zwischen beiden Stadthälften.

Sacré Cœur

Paris, Frankreich

Die Basilika Sacré-Cœur ist eines der Wahrzeichen von Paris. Sie liegt 130 m hoch auf dem Gipfel des Butte Montmartre und bietet eine der schönsten Aussichten auf die Stadt.

Erbaut wurde sie 1875 bis 1914, aber erst nach dem ersten Weltkrieg 1919 geweiht. Im romanisch byzantinischen Stil erbaut, erkennt man die Basilika an ihrer weißen Farbe und ihrer 55 m hohen Kuppel. Im Innern des Bauwerkes ist die Decke mit dem größten Mosaik von Frankreich verziert.

Eiffelturm

Paris, Frankreich

Der berühmte stählerne Turm, benannt nach seinem Erbauer Gustave Eiffel, wurde zur Weltausstellung 1889 geschaffen.

Mit seinen 300 Metern war er 40 Jahre lang das höchste Bauwerk der Welt.

Der Eisenturm sollte auch an den 100. Jahrestag der Französischen Revolution erinnern. Mehr als sechs Millionen Besucher besichtigen ihn heute jährlich. Ungefähr alle sieben Jahre muss er neu gestrichen werden. Die 200.000 Quadratmeter Fläche werden mit etwa 60 Tonnen Farbe angestrichen.

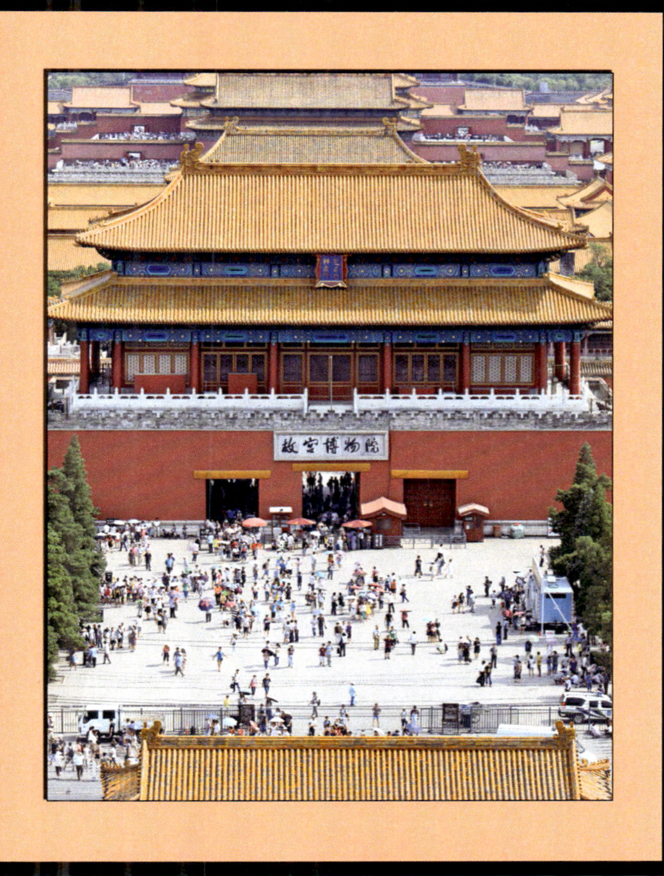

Reise um die Welt
Montessori – Bestell-Nr. 15 037
KOHL VERLAG

Verbotene Stadt – Kaiserpalast

Peking, China

In der Verbotenen Stadt lebten und regierten bis zur Revolution 1911 die chinesischen Kaiser. Die einfache Bevölkerung durfte das Gebiet nicht betreten, so entstand auch der Name. In der Verbotenen Stadt trugen alle Höfe, Tore und Gebäude bedeutsame Namen. Der Kaiser selbst saß in der „Halle der höchsten Harmonie" auf dem sogenannten Drachenthron.

In der Verbotenen Stadt befindet sich heute das Palastmuseum Peking.

Chinesische Mauer

China

Je nach Vermessung ist die Große Mauer zwischen 5.000 und gut 21.000 km lang. Das erklärt sich dadurch, dass im Laufe der Zeit immer neue Stück gebaut wurden, die alle mitgezählt werden. Errichtet wurde sie als Grenzbefestigung, die das Kaiserreich vor nomadischen Reitervölkern aus dem Norden schützen sollte.

Sie ist das größte Bauwerk der Welt, das von Menschen erschaffen wurde.

Erste Teile der Mauer wurden vermutlich im 6. Jh. v. Chr. gebaut und bis ins 17. Jh. ständig erweitert bzw. umgebaut. Türme dienten als Waffendepots und Signalstellen.

Kreml

Moskau, Russland

Der Moskauer Kreml wurde unter Zar Iwan III. ab 1485 gebaut. Er stellt das historische und politische Zentrum der Stadt dar.

Zarenburg, Verwaltungssitz der Sowjetunion und jetzt Residenz des Präsidenten – der Kreml zeigte jahrhundertelang die Macht Russlands.

Die bis auf den heutigen Tag erhalten gebliebenen Mauern und 19 Türme wurden im 15. Jahrhundert errichtet und waren damals eine beachtliche Befestigungsanlage.

Basilius-Kathedrale und Roter Platz

Moskau, Russland

Der Rote Platz gilt immer noch als Zentrum des Landes. Er war früher ein Marktplatz. Heute werden auf dem Platz Feste gefeiert und Paraden abgehalten.

Im Südosten des Platzes steht seit 1555 die Basilius-Kathedrale mit ihren farbigen Kuppeln. Nachdem Iwan der Schreckliche Mitte des 16. Jahrhunderts zum Zaren gekrönt wurde, begann man die Kathedrale zu bauen. Sie besteht aus neun Kapellen, die je einem besonderen Kriegsereignis gewidmet sind.

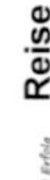

Klagemauer und Felsendom

Jerusalem, Israel

Die Westliche Mauer, „Klagemauer“ genannt, ist eine der heiligsten Stätten des Judentums. Sie ist 48 Meter lang und 18 Meter hoch. Täglich kommen viele Menschen, um hier zu beten.

Wichtige muslimische Bauwerke auf dem Tempelberg sind heute der Felsendom und die al-Aqsa-Moschee.

Der Felsendom ist eines der ältesten islamischen Heiligtümer. Er wurde Ende des 7. Jahrhunderts errichtet und im Lauf der Jahrhunderte vielfach restauriert, verändert und umfassend ergänzt.

Kabaa

Mekka, Saudi-Arabien

Mekka liegt im westlichen Saudi-Arabien und ist mit dem Heiligtum der Kaaba der wichtigste Wallfahrtsort des Islams.

Mekka ist die Geburtsstadt Mohammeds, des Propheten des Islam.

Das bedeutendste Ziel bildet die Kaaba, ein fensterloses, würfelförmiges Gebäude im Hof der Hauptmoschee. Die Muslime glauben, dass die Kaaba von Adam erbaut und die Ruine von Abraham und seinem Sohn Ismael im Auftrag Gottes als Wallfahrtsstätte wiedererrichtet wurde.

Taj Mahal

Agra, Indien

Das Taj Mahal ist wohl das berühmteste Mausoleum der Welt. Der Großmogul Shah Jahan ließ es 1631 zu Ehren seiner verstorbenen Frau errichten. Bevor sie starb, wünschte sie sich von ihrem Mann ein außergewöhnliches Grabmal. Die Bauarbeiten begannen im selben Jahr und dauerten 17 Jahre.

Das Mausoleum besteht vollständig aus Marmor, in den Edelsteine, Halbedelsteine und Diamanten eingelassen sind. Es steht auf einer 100 x 100 m großen Marmorplatte und wird von einem Park umgeben.

Blaue Moschee – Sultan Ahmet Moschee

Istanbul, Türkei

Die Moschee hat sechs Minarette. So haben nur die Prophetenmoschee in Medina mit zehn und die Hauptmoschee in Mekka mit neun Minaretten mehr Türme als die Sultan-Ahmet-Moschee.

Sie wurde 1616 eröffnet. Ihren Namen „Blaue Moschee“ erhielt sie aufgrund der vielen blau-weißen Fliesen im Inneren.

Durch den Besuch Papst Benedikts XVI. in der Sultan-Ahmet-Moschee 2006 anlässlich seines Pastoralbesuches in der Türkei betrat erstmals ein Oberhaupt der römisch-katholischen Kirche das islamische Gotteshaus.

ヤマト運輸(株)

Burj Khalifa

Dubai, Vereinigte Arabische Emirate

Dubai ist die größte Stadt der Vereinigten Arabischen Emirate am Persischen Golf und die Hauptstadt des Emirats Dubai. Das höchste Bauwerk der Welt, der Burj Khalifa steht dort. Im Januar 2009 erreichte Burj Khalifa seine Endhöhe von 828 Metern. Mit Geländer und Leuchtsignalanlage auf der Turmspitze erreicht der Burj Khalifa sogar 829,8 m. Bis in die 189. Etage fährt ein Fahrstuhl, allerdings haben zu den oberen Etagen nur Techniker Zutritt. Im Turm gibt es ein Hotel, Büros, Restaurants und Wohnungen, die allerdings sehr teuer sind.

Felsenstadt Petra

Petra, Jordanien

Petra, die Stadt in den Felsen, entstand etwa 9000 v. Chr. Sie liegt am Rande der arabischen Wüste. Dort kreuzten sich mehrere Karawanenwege und so konnte sie sich durch Handel zu einer reichen Stadt entwickeln. Etwa im 2. Jahrhundert v. Chr. begann die Blütezeit der Stadt und die beeindruckenden in den Felsen gehauenen Fassaden entstanden.

Nach zwei Erdbeben und der Eroberung durch die Araber wurde die Stadt verlassen und es entstand das Geheimnis der verschollenen Felsenstadt.

1812 wurde Petra wiederentdeckt.

Pagoden

Yasaka-Turm, Japan

Eine Pagode ist ein mehrgeschossiges, turmartiges Bauwerk, dessen einzelne Geschosse meist durch vorragende Dachvorsprünge voneinander getrennt sind. Gebäude dieser Art sind in Vietnam, China, Nepal, Burma, Japan und Korea zu finden.

Dieser Yasaka-Turm liegt in Kyotos bedeutendem Tempelbezirk. Die fünfstöckige Pagode, die im 6. Jahrhundert gebaut wurde, ist 46 m hoch.

Das heutige rekonstruierte Gebäude entstand 1440 und gilt als wichtiges Kulturdenkmal.

Angkor Wat

Kambodscha, Südostasien

Die Tempelanlagen in Siem Reap in Kambodscha zählen wohl zu den großartigsten Bauwerken, die der Menschheit erhalten blieben.

Die größte Tempelanlage auf dem mehr als 200 km² großen Gebiet mit seinen über 1.000 Gebäuden aus der Zeit der Khmer ist Angkor Wat. Von außen lässt sich die Größe Angkor Wats nur erahnen.

Der größte sakrale Bau der Welt mit seiner wechselhaften Geschichte dient noch immer als buddhistischer Tempel und ist nicht nur Sehenswürdigkeit, sondern auch Pilgerstätte für Mönche.

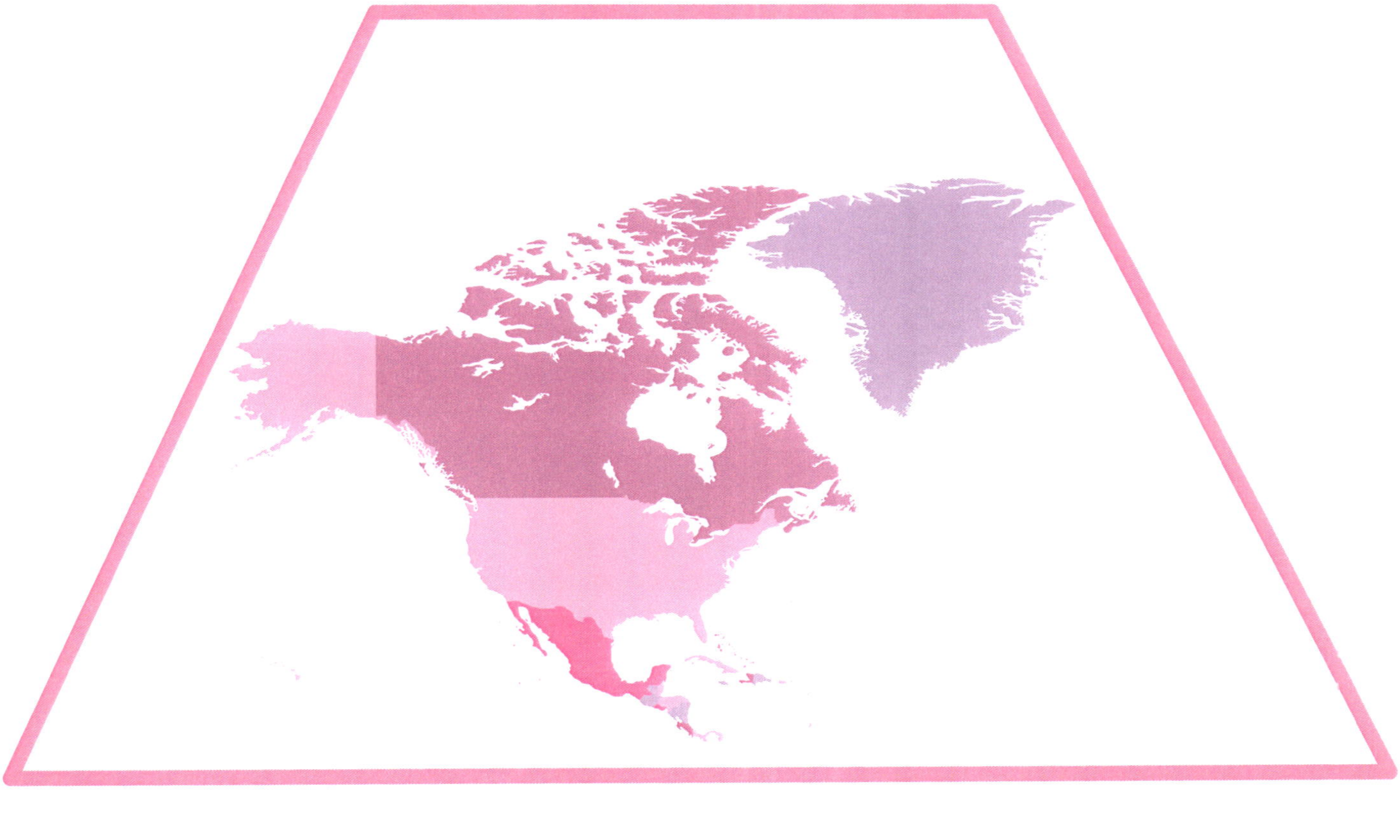

KOHL VERLAG
Reise um die Welt
Montessori – Bestell-Nr. 15 037

Afrika

Fläche: ~ 30,2 Millionen km²
Bevölkerung: ca. 1,3 Milliarden
Bevölkerungsdichte: 30,51 Einwohner/km²
Länder: 55

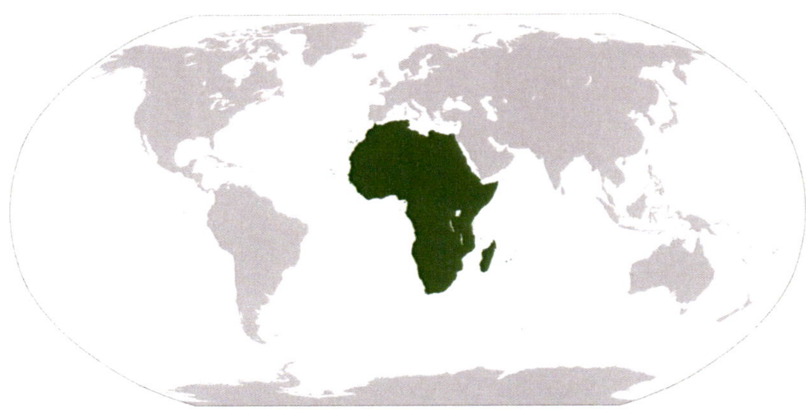

Nordamerika

Fläche: ~ 24,9 Millionen km²
Bevölkerung: ca. 579 Millionen
Bevölkerungsdichte: 21 Einwohner/km²
Länder: 23

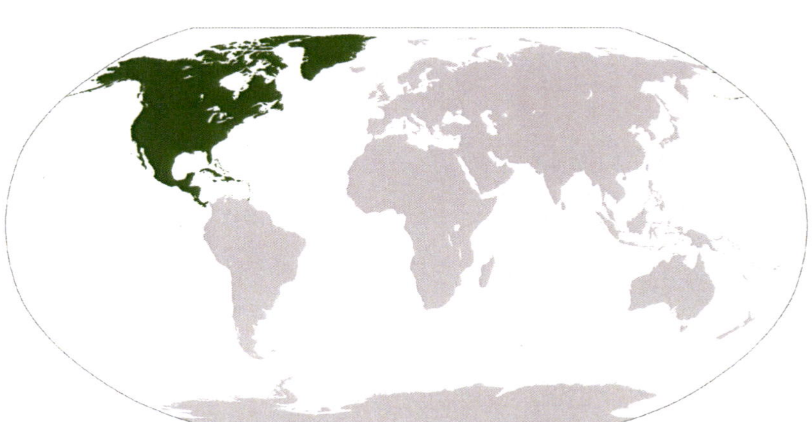

KOHL VERLAG

Tempel von Abu Simbel

Abu Simbel, Ägypten

Abu Simbel steht für die Tempel von Ramses II. und seiner Gemahlin Nefertari. Die Tempel wurden im 13. Jahrhundert v. Chr. in die Bergwand gemeißelt. Schon die Fassade ist 30 m hoch und 35 m breit. Zu beiden Seiten des Eingangs befanden sich zwei 22 m hohe Figuren, die Ramses II. darstellen. Eine davon ist jedoch schon im Altertum zerbrochen.

Fast wären die Tempel Opfer des Nasser-Stausees geworden. 1963 konnte dies verhindert werden, indem man beide Tempel landeinwärts und höher versetzte.

Pyramiden von Gizeh

Gizeh, Ägypten

Sie zählen zu den ältesten erhaltenen Bauwerken der Menschheit und entstanden vor etwa 6.600 Jahren.

Die größte unter ihnen, die Cheops-Pyramide, ist rund 140 m hoch. Im alten Ägypten dienten die Pyramiden als Begräbnisstätte für die Pharaonen. Die Cheops-Pyramide wurde als Grabmal für den ägyptischen König Cheops errichtet und zählt zu den Sieben Weltwundern der Antike.

Nahe der Pyramide liegt die Sphinx von Gizeh, die Statue eines Löwen mit einem Menschenkopf.

Kilimandscharo

Tansania, Afrika

Der Kilimandscharo ist ein Bergmassiv im Nordosten von Tansania.
Der Kibo (Swahili, deutsch: „Der Helle“) ist mit 5895 m der höchste Berg Afrikas.

Oft wird als Bezeichnung für den höchsten Berg Afrikas der Name Kilimandscharo verwendet, was aber nicht richtig ist, da dies der Name des gesamten Hochgebirges ist. Der Berg liegt nahe dem Äquator und die Kuppe ist das ganze Jahr mit Schnee bedeckt.

Affenbrotbaum – Baobab

Afrika

Er gehört zu den bekanntesten und charakteristischsten Bäumen Afrikas. Bei einer Höhe von bis zu 25 Metern können die Äste ein Dach mit über 20 m Durchmesser bilden – der Baum selbst kann mehrere tausend Jahre alt werden. Er ist für Menschen und Tiere in den Trockengebieten Afrikas sehr wichtig. Viele Tiere ernähren sich von seinen Blättern, Blüten und Früchten. Menschen hingegen können Nahrung, Kleidung, Medikamente und andere nützliche Erzeugnisse aus dem Baobab herstellen. Der oft ausgehöhlte Stamm bietet zudem Schutz vor Unwettern oder anderen Gefahren der Savanne.

Sahara

Nordafrika

Wie ein Ozean dehnt sich die Sahara auf dem Gebiet von elf Ländern über den Norden Afrikas aus. Die Sahara ist die größte Trockenwüste der Welt. Sand-, Stein- und Geröllmassen erstrecken sich von der afrikanischen Atlantikküste im Westen bis hin zur Küste des Roten Meeres im Osten.

Die Tierwelt hat sich den außergewöhnlichen Temperaturen und dem Wassermangel angepasst. Es gibt Füchse, Echsen, Schlangen, Nagetiere, dazu viele Insekten (Käfer und Skorpione). Typisch für die Wüste ist der Wüstenfuchs (Fennek) mit seinen großen Ohren.

Tiere der Savanne – The Big Five

Afrika

Mit den „Big Five" sind nicht jene Wildtiere Afrikas gemeint, die am größten sind, sondern die früher bei Großwildjagden am schwierigsten und gefährlichsten zu jagen waren, nämlich: Löwe, Leopard, Büffel, Elefant und Nashorn.

Viele Leute machen heutzutage eine Safari, um „The Big Five" zu sehen und zu fotografieren. In den Savannen leben Zebras, Büffel, Elefanten, Giraffen, Geparden, Nashörner, Hyänen, Geier und viele verschiedene Antilopen- und Gazellenarten. Es gibt dort wenig Verstecke, deshalb leben die meisten Tiere in großen Herden.

Serengeti

Tansania, Kenia

Serengeti bedeutet „endlose Ebene" und beschreibt die unendlich weite Graslandschaft. Das Ökosystem der Serengeti gehört zu den ältesten der Erde. Klima, Pflanzen- und Tierwelt haben sich in den letzten Millionen Jahren nur wenig verändert.

In der Serengeti liegt der Serengeti-Nationalpark. Er ist das größte Schutzgebiet für Wildtiere wie Löwen, Giraffen, Elefanten, Zebras, Büffel, Gazellen, Gnus, Nilpferde und Krokodile auf der Welt. Dort leben mehr als 3 Millionen Tiere.

Seit 1981 ist der Nationalpark Teil des Weltnaturerbes der UNESCO.

Oasen – grüne Inseln in der Wüste

Afrika

Oasen waren früher „Tankstellen" für Reisende mit ihren Karawanen. Die Handelsleute und ihre Kamele bekamen dort Nahrung und vor allem Wasser. Heute, wo man mit dem Flugzeug schnell große Entfernungen zurücklegen kann, sind sie nicht mehr ganz so wichtig.

Eine alte Geschichte erzählt: „Als Allah den Menschen erschaffen hatte, blieben ihm 2 Tonklumpen übrig. Aus diesen formte er die Dattelpalme und das Kamel." Beide haben auch heute noch Bedeutung.

Reise um die Welt
Montessori – Bestell-Nr. 15 037
KOHL VERLAG

Tafelberg

Südafrika

Der Tafelberg liegt in Südafrika auf der etwa 50 km langen und bis zu 16 km breiten Kap-Halbinsel, an deren Südende sich das Kap der Guten Hoffnung befindet. Der höchste Punkt des Berges ist Maclear's Beacon (Maclears Signalfeuer) am nordöstlichen Ende des Felsplateaus mit 1087 m.

Der Tafelberg thront über Kapstadt und bestimmt die Silhouette der zweitgrößten Stadt Südafrikas. Besonders die beiden Gipfel Devil's Peak und Lion's Head im Osten und Westen geben ihm sein charakteristisches Aussehen.

Okavangodelta

Botswana, Afrika

Die meisten Flüsse enden irgendwann im Meer. Der Okavango jedoch endet inmitten des wüstenhaften Landesinneren von Botswana in einem Binnendelta.

Seit 2014 gehört das Okavangodelta zum UNESCO-Weltnaturerbe. Es ist das größte Binnendelta der Welt.

Der Fluss Okavango trifft – aus dem Hochland Angolas kommend – auf die Wüste Kalahari. Sie ist bekannt für ihre weitläufigen Grasflächen, die saisonal überschwemmt werden und dadurch üppigen Lebensraum für Tiere bieten.

Die Wiege der Menschheit

Äthiopien, Ostafrika

Die ersten Menschen sollen in Ostafrika, genauer im heutigen Äthiopien, gelebt haben. Forscher fanden dort die ältesten Knochenreste.

Es ist übrigens nicht ganz richtig formuliert, wenn gesagt wird, dass der Mensch vom Affen abstammt. Allerdings hatten die Menschenaffen und wir vor vielen Millionen Jahren gemeinsame Vorfahren.

„Baumaffen" nennt man die gemeinsamen Vorfahren von Menschen und Menschenaffen. Sie lebten vor rund 20 bis vor 4 Millionen Jahren.

Victoria-Fälle

Simbabwe / Sambia

Die Victoria-Fälle liegen genau an der Grenze zwischen den beiden Ländern Simbabwe und Sambia.

David Livingstone, der als Missionar und Entdecker ins Innere Afrikas vorstieß, entdeckte die Wasserfälle 1855 und benannte sie nach der damaligen englischen Königin Victoria.

Die Gegend rund um die Victoria-Fälle ist geprägt durch tropischen Regenwald. Die Fluten des Sambesis stürzen hier auf einer Breite von zwei Kilometern 120 Meter in die Tiefe.

Reise um die Welt
Montessori – Bestell-Nr. 15 037
KOHL VERLAG

Empire State Building

New York, USA

Das Empire State Building wurde 1931 eröffnet und ist wohl das berühmteste Hochhaus New Yorks. Lange war es mit seinen 443 Metern (mit Antenne) das höchste Gebäude der Welt. Im Mai 2013 wurde es durch das One World Trade Center mit einer Höhe von 541 Metern übertroffen und war seitdem der zweithöchste Bau der Stadt.

Die Räume der 102 Stockwerke werden meist als Büros genutzt. In der 86. und in der 102. Etage befinden sich Aussichtsplattformen.

Chichén Itzá

Yukatán, Mexiko

Die Ruinenstätte liegt auf der mexikanischen Halbinsel Yukatán. Um das Jahr 4550 v. Chr. begannen die Maya die Stadt zu bauen.

Vom 8. bis 11. Jahrhundert erlebte Chichén Itzá eine Blütezeit. Doch schon wenige hundert Jahre später, noch bevor die spanischen Eroberer in Mexiko eintrafen, verschwanden die Maya mit ihrer hochentwickelten Kultur auf rätselhafte Weise. Urwald überwucherte die verlassene Stadt. Erst Ende des 19. Jahrhunderts wurde sie wiederentdeckt.

One World Trade Center

New York, USA

Das One World Trade Center, abgekürzt 1 WTC, ist der höchste Wolkenkratzer in New York. Er wurde zwischen 2006 und 2014 neben der Stelle des am 11. September 2001 bei Terroranschlägen zerstörten World Trade Centers errichtet, die man auch Ground Zero nennt.

Das 541,3 m hohe Gebäude ist seit Mai 2013 das höchste der Vereinigten Staaten. Das One World Trade Center hat 104 Stockwerke, die Aussichtsplattform, genannt One World Observatory, befindet sich auf dem 100., 101. und 102. Stock.

Freiheitsstatue

New York, USA

Die Freiheitsstatue ist das Wahrzeichen von New York. 2011 feierte das Symbol des Big Apple sein 125-jähriges Jubiläum.

Sie ist aber nicht einzigartig, insgesamt gibt es vier kleine Nachbildungen, die sich alle in Paris befinden Die größte Kopie steht in der Seine mit Blickrichtung zu ihrer großen Schwester in New York.

Die New Yorker Freiheitsstatue steht auf Liberty Island im New Yorker Hafen. Sie wurde am 28. Oktober 1886 eingeweiht und ist ein Geschenk des französischen Volkes an die Vereinigten Staaten.

Reise um die Welt
Montessori – Bestell-Nr. 15 037

Kapitol

Washington D.C., USA

Das Kapitol ist der Sitz des Kongresses. Dort finden die Sitzungen des Senats und des Repräsentantenhauses statt. Baubeginn des Washingtoner Kapitols war 1793. Obwohl noch unfertig fand die erste Sitzung des Kongresses im November 1800 hier statt.

Das Kapitol ist von Nord nach Süd ca. 230 Meter lang und mit der Statue of Freedom etwa 88 Meter hoch. Die Flügelbauten haben je fünf Stockwerke.

Weißes Haus

Washington D.C., USA

Das Weiße Haus ist Amts- und offizieller Regierungssitz des Präsidenten der Vereinigten Staaten. Der erste Präsident der Vereinigten Staaten, George Washington, gab den Bau in Auftrag.

Ab dem 1. November 1800 wurde das Weiße Haus erstmals genutzt. Seinen Namen erhielt es offiziell 1901 von Theodore Roosevelt aufgrund seines weißen Außenanstrichs.

Das Anwesen verfügt über 132 Räume, 35 Badezimmer, 8 Treppenhäuser und 3 Aufzüge.

Mount Rushmore National Memorial

South Dakota, USA

Der Mount Rushmore ist ein Berg in den Black Hills. Hier befindet sich eine Gedenkstätte, die aus riesigen Porträtköpfen von vier der bedeutendsten US-Präsidenten besteht. Dargestellt sind hier von links nach rechts die Präsidenten George Washington, Thomas Jefferson, Theodore Roosevelt und Abraham Lincoln. Jedes Gesicht ist mehr als 18 Meter hoch.

Das Monument wurde von John Gutzon de la Mothe Borglum in 14 Sommern zwischen 1927 und 1941 in den Granit des Mount Rushmore gesprengt, gehauen und gemeißelt. Fast 400 Arbeiter waren dort tätig. 1941 wurde das Monument als vollendet erklärt.

Golden Gate Bridge

San Francisco, USA

Die 2,7 km lange Brücke überspannt die Einfahrt zur San Francisco Bay. Diese Einfahrt – das Golden Gate – trägt seinen Namen seit dem Goldrausch von Kalifornien Mitte des 19. Jahrhunderts.

Die Durchfahrtshöhe beträgt 72 m. Gebaut wurde sie von 1933 bis 1937 und hielt bis ins Jahr 1964 den Rekord der längsten Hängebrücke der Welt. Der Bau stellte eine technische Herausforderung dar, denn die Türme mussten einer starken Meeresströmung standhalten.

Jeden Tag befahren über 100.000 Fahrzeuge die Brücke.

Grand Canyon

Arizona, USA

Der Grand Canyon (Große Schlucht) ist etwa 450 km lang und bis zu 1.800 m tief. Der Name des Canyons stammt vom Colorado River, der früher streckenweise Grand River genannt wurde.

Bereits vor über 3.000 Jahren lebten Menschen in der Gegend des Grand Canyon. Die Indianer waren Jäger und Sammler. Vor etwa 2.000 Jahren besiedelten die als Anasazi bekannten Völker das Gebiet. Sie wohnten in Lehmhütten und bauten ihre Behausungen in die Wände der Schlucht (Pueblos). Vor ca. 700 Jahren verschwanden sie plötzlich. Die Hopi sind ihre Nachfahren.

Niagarafälle

USA / Kanada

Die Niagarafälle sind die bekanntesten und größten Wasserfälle in Nordamerika. Sie liegen an der Grenze des US-amerikanischen Bundesstaates New York und der kanadischen Provinz Ontario am Niagara River. Der Niagara-Fluss, der den Eriesee und den Ontariosee verbindet, stürzt an dieser Stelle über drei Fälle 57 Meter in die Tiefe.

Das Wasser, das die Niagara-Fälle hinunterfließt, kommt von vier der fünf großen Seen: Erie, Huron, Michigan und Oberer See. Vom Ontariosee fließt es dann in den Sankt-Lorenz-Strom, um schließlich in den Atlantik zu münden.

Ureinwohner – Indianer

Man nimmt an, dass die amerikanischen Ureinwohner während der letzten Eiszeit über die Behringstraße von Asien nach Amerika kamen.

Die Indianer bildeten im Laufe der Zeit viele Gruppen oder Stämme, die sich unabhängig weiter entwickelten.

Durch die europäischen Einwanderer und Eroberer im 15. Jahrhundert folgte die Vertreibung und Vernichtung dieses Volkes.

1890 waren die letzten Indianerstämme bezwungen. Was von ihnen übrig geblieben war, wurde in Reservaten eingesperrt. Die meisten Indianer dort sind sehr arm.

Monument Valley

Utah / Arizona

Die roten Tafel- und Restberge, die mitten in einer sandigen Wüste liegen, sind ein echter Touristenmagnet.

Das Monument Valley ist für die Navajo Nation ein heiliger Ort und befindet sich zur Gänze in einem Indianer Reservat.

Soweit man heute weiß, waren die Anasazi-Indianer die ersten Einwohner des Monument Valleys. Sie bauten die Felshöhlen vor mehr als 1500 Jahren, verschwanden allerdings noch vor dem Eintreffen der ersten Weißen bereits im 13. Jahrhundert aus der gesamten Region.

Südamerika

Fläche: ~ 17,8 Millionen km²
Bevölkerung: ca. 418 Millionen
Bevölkerungsdichte: 23,4 Einwohner/km²
Länder: 13

Australien – Ozeanien

Fläche: ~ 9 Millionen km²
Bevölkerung: ca. 45 Millionen
Bevölkerungsdichte: 5 Einwohner/km²
Länder: 14

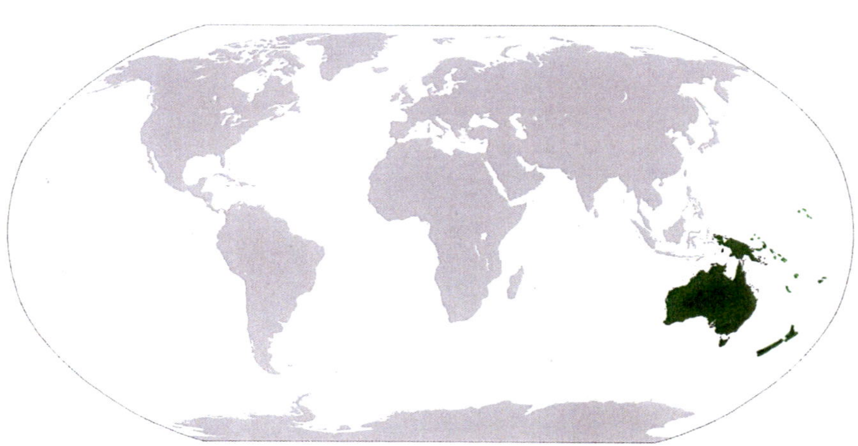

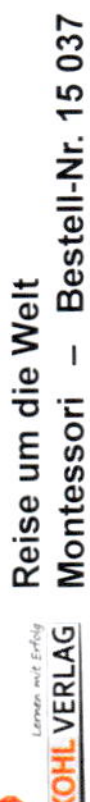
KOHL VERLAG
Reise um die Welt
Montessori – Bestell-Nr. 15 037

Die Inka

Den größten Indianerstaat Südamerikas bildeten die Inka im heutigen Peru. Sie herrschten vom 13. bis 16. Jahrhundert von Ecuador bis nach Chile. Sie nannten sich Töchter und Söhne der Sonne, als Nachfahren des großen Sonnengottes Inti.

Ihre Baukunst reichte weit über Festungen wie Machu-Picchu hinaus, es entstanden die über 5.000 km lange Andenstraße und eine fast so lange Küstenstraße.

1533 eroberte der Spanier Francisco Pizarro die Hauptstadt Cuzco. Die spanischen Eroberer zerstörten die Stadt fast vollständig. Der letzte Inkaherrscher starb 1572.

Machu Picchu

Peru / Südamerika

Machu Picchu ist eine gut erhaltene Ruinenstadt auf dem gleichnamigen Berg in den Anden. Die Inkas erbauten die Stadt im 15. Jahrhundert in 2.360 Metern Höhe auf einem Bergrücken. Sie besaß mehr als 200 Steinbauten, die durch Treppen verbunden waren. Mehr als 1.000 Menschen lebten dort.

Als die Spanier um 1532 das Gebiet einnahmen, verließen die Inkas ihre Hauptstadt. Doch die Eroberer übersahen die Stadt, sodass sie nicht zerstört wurde, aber dafür im Urwald versank. Erst um 1911 begann man, sie zu erforschen.

Zuckerhut

Rio de Janeiro, Brasilien

Der Zuckerhut ist ein 396 Meter hoher, steiler Berg auf der Halbinsel Urca. Er gilt neben dem Corcovado mit der Christusstatue und dem Strand Copacabana als das Wahrzeichen von Rio de Janeiro.

Der Zuckerhut ist hunderte Millionen Jahre alt und besteht aus eisenartigem Granit. Erstmals bestiegen wurde er im Jahre 1817 von der englischen Bergsteigerin Henrietta Carstairs. Aber bekannt wurde er erst 1912, als der erste Abschnitt der Seilbahn, fertiggestellt wurde. Ein Jahr später folgte der zweite Teil der Seilbahn.

Christusstatue

Rio de Janeiro, Brasilien

Die Statue Cristo Redentor (Christus der Erlöser) ist das Wahrzeichen der Stadt Rio de Janeiro. Sie steht auf dem Berg Corcovado in 710 Metern Höhe und ist mit Sockel 38 Meter hoch. Im Sockel ist eine Kapelle untergebracht. Das Gesamtgewicht des Monuments beträgt 1145 Tonnen.

Sie sollte ursprünglich zu Ehren der hundertjährigen Unabhängigkeit Brasiliens errichtet werden, doch es dauerte 10 Jahre länger als geplant, bis 1931.

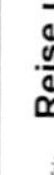

KOHL VERLAG

Regenwald

Der Amazonas-Regenwald bedeckt große Teile des Amazonasbeckens in Südamerika. Fast 2/3 des Waldes befinden sich in Brasilien. Für die ansässigen Menschen bildet er seit Jahrhunderten die Lebensgrundlage.

Der Regenwald umfasst mehr als die Hälfte des weltweit verbliebenen Tropenwaldes und weist die größte Artenvielfalt aller tropischen Wälder auf. Er ist schwer zugänglich, es gibt nur wenige Verkehrswege.

Die wenigen Straßen aber, die angelegt wurden, hatten erschreckende Folgen. Es kamen zahlreiche Goldgräber und Holzfäller in das Gebiet und zerstörten große Gebiete des Waldes.

Amazonas

Der Amazonas ist mit einer Länge von 6.788 Kilometern der längste Fluss der Welt. Bisher galt der Nil (6.671 km) als längster Fluss der Welt. Doch nun hat der Amazonas ihn übertroffen. Forscher haben noch einmal genau nachgemessen. Von allen Flüssen der Erde führt er das meiste Wasser und ist Lebensader für den größten Regenwald.

Er fließt durch Surinam, Brasilien, Ecuador, Venezuela, Kolumbien, Französisch Guyana, Guyana, Bolivien und Peru und ist damit einer der wichtigsten Verkehrswege Südamerikas.

Iguazú-Wasserfälle

Brasilien / Argentinien

Iguazú heißt nichts anderes als großes Wasser – und das ist noch reichlich untertrieben:

20 große und 255 kleinere Wasserfälle machen das beeindruckende Naturwunder in Brasilien und Argentinien aus.

Die Garganta del Diablo (Teufels Kehle) mit seiner U-Form ist zweifellos das Highlight dieser majestätischen Wasserfälle.
Es ist 82 Meter hoch, 150 Meter breit und 700 Meter lang.

Salar de Uyuni

Bolivien

Der Salar de Uyuni in Bolivien ist die größte Salztonebene der Welt. Über 10.000 km^2 und bis zu 27 Meter dick erstreckt sich der ausgetrocknete Salzsee auf der Hochebene.

In der Trockenzeit kann die Salzkruste sogar von LKWs befahren werden. In der Regenzeit bildet sich eine flache Wasserschicht auf der Oberfläche, die den Salar de Uyuni in einen riesigen Spiegel verwandelt.

Von den geschätzten zehn Milliarden Tonnen Salz werden in jedem Jahr 25.000 Tonnen abgebaut. Der Salar wird also noch sehr lange da sein.

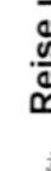

Reise um die Welt
Montessori – Bestell-Nr. 15 037

Titicaca-See

Peru / Bolivien

Der Titicaca-See ist Südamerikas zweitgrößter See. Er befindet sich auf der Hochebene der Anden. Der westliche Teil gehört zu Peru, der östliche Teil zu Bolivien. Zu einer der Besonderheiten des Sees gehören die schwimmenden Inseln der Urus. Die Inseln bestehen aus kreuzweise aufgebrachten Lagen aus Schilf.

Früher bauten die Urus ihre Inseln, um sich vor Angriffen zu schützen oder sich zu verbergen. Immer wenn ein Angriff drohte, lösten sie die Verankerung und zogen sich mit ihren Inseln auf den See zurück. Die Urus leben von der Fischerei und vom Tourismus.

Atacama-Wüste

Chile

Die Atacama-Wüste erstreckt sich 1.200 Kilometer entlang der Pazifikküste Südamerikas. In der trockensten Wüste der Welt fällt nahezu kein Niederschlag, obwohl sie am Pazifik liegt. Das kommt durch die kalte Meeresströmung des Humboldtstroms. Menschen wollten in der Atacama-Wüste nicht dauerhaft wohnen. Erst zu Beginn des 20. Jahrhunderts entstanden erste Siedlungen. In der Wüste finden sich Kupfer- und Lithiumvorkommen. Der kleine Wüstenort San Pedro de Atacama ist das Zentrum für Touristen.

Lama und Alpaka

Kamele (Dromedare und Trampeltiere) tragen schwere Lasten oder werden als Reittiere benutzt. Die Lamas und Alpakas in Südamerika nutzt man auch als Lasttiere, vor allem jedoch wegen ihrer Wolle. Diese Kamele haben keine Höcker.

Alpakas sind kleiner als die Lamas und wesentlich leichter. Sie können fast schwarz, hellbraun bis fast weiß sein. Einmal im Jahr werden die Alpakas geschoren.

Das Fell der Lamas besteht aus sehr feiner und dichter Wolle. Die Tiere werden 1,5 bis 2 m lang, 80 bis 120 cm hoch und erreichen ein Gewicht von etwa 120 und 150 kg.

Die Indios

Man unterteilt die Ureinwohner in Andenvölker und Völker des Tieflandes.

Die bekanntesten Indiovölker sind die Quechua, die Aymara, Tupi und Mapuche.

Sie werden nach ihrem einstigen Herrschertitel auch Inka genannt.

Die Nachkommen der Indios bilden heute in vielen Staaten Südamerikas einen Großteil der Bevölkerung. Im Gebiet des Amazonas trifft man auch heute noch auf etwa 150 indigene Völker, die ca. eine Million Angehörige zählen.

Sydney Harbour Bridge

„Coathanger“ nennen die Einwohner von Sydney liebevoll-respektlos ihre Hafenbrücke – „Kleiderbügel“. Dabei hat die Harbour Bridge wenig gemein mit jenen verformbaren Drahtgestellen, die man aus der Reinigung nach Hause trägt.

Es wurden knapp 53.000 Tonnen Stahl verbaut, was die Brücke zu einer der schwersten und weitesten Bogenbrücken der Welt macht.

Am 19. März 1932 wurde sie für den Verkehr freigegeben. Sie stellt die Hauptverbindung zwischen Sydneys Nord- und Südküste über den Hafen (Port Jackson) dar.

Opernhaus

Sydney, Australien

Der dänische Architekt Jørn Utzon hat den besonderen Bau des Opernhauses 1957 entworfen. Das Dach besteht aus mehr als einer Million weißer Keramikfliesen und ist 67 m hoch.

Im Opernhaus sind 5 Theatersäle untergebracht, die insgesamt über 5.000 Sitzplätze haben. Die Bauarbeiten begannen 1959 und endeten nach vielen Umgestaltungen erst 1973.

Das Sydney Opera House ist eines der größten Kulturzentren der Welt. Über 2.500 Veranstaltungen gibt es jedes Jahr.

Great Barrier Reef

Das Great Barrier Reef liegt an der Ostküste des Kontinents. Es gilt als das weltweit größte Korallenriff. Es wurde im Jahre 1770 vom britischen Seefahrer James Cook entdeckt. 1981 wurde es schließlich von der UNESCO zum Weltnaturerbe ernannt.

Dennoch ist das artenreiche Ökosystem bedroht. Seit den 1980er-Jahren hat das Riff mehr als die Hälfte seiner Korallen verloren. Hier leben u. a. sechs der sieben Meeresschildkröten-Arten, Seekühe, verschiedene Wal-Arten und natürlich eine Vielzahl von Haien.

Ayers Rock – Uluru

Für die hier schon seit über 10.000 Jahren lebenden Aborigines war Uluru stets heilig.

Der Ayers Rock ist zweifelsohne der bekannteste Berg Australiens und zudem ein Wahrzeichen des Kontinents.

Der Berg umfasst eine Länge von 3 km, eine Breite von teilweise 2 km und eine Höhe von 867 m über dem Meeresspiegel.

Weil der Uluru das Sonnenlicht je nach Sonnenstand verschiedenartig reflektiert, erscheint der Sandstein in verschiedenen Rottönen.

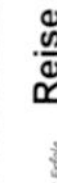

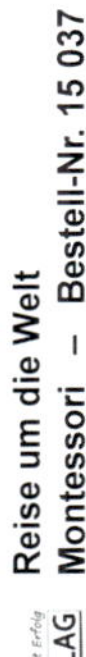

Titicaca-See

Peru / Bolivien

Der Titicaca-See ist Südamerikas zweitgrößter See. Er befindet sich auf der Hochebene der Anden. Der westliche Teil gehört zu Peru, der östliche Teil zu Bolivien. Zu einer der Besonderheiten des Sees gehören die schwimmenden Inseln der Urus. Die Inseln bestehen aus kreuzweise aufgebrachten Lagen aus Schilf.

Früher bauten die Urus ihre Inseln, um sich vor Angriffen zu schützen oder sich zu verbergen. Immer wenn ein Angriff drohte, lösten sie die Verankerung und zogen sich mit ihren Inseln auf den See zurück. Die Urus leben von der Fischerei und vom Tourismus.

Atacama-Wüste

Chile

Die Atacama-Wüste erstreckt sich 1.200 Kilometer entlang der Pazifikküste Südamerikas. In der trockensten Wüste der Welt fällt nahezu kein Niederschlag, obwohl sie am Pazifik liegt. Das kommt durch die kalte Meeresströmung des Humboldtstroms. Menschen wollten in der Atacama-Wüste nicht dauerhaft wohnen. Erst zu Beginn des 20. Jahrhunderts entstanden erste Siedlungen. In der Wüste finden sich Kupfer- und Lithiumvorkommen. Der kleine Wüstenort San Pedro de Atacama ist das Zentrum für Touristen.

Lama und Alpaka

Kamele (Dromedare und Trampeltiere) tragen schwere Lasten oder werden als Reittiere benutzt. Die Lamas und Alpakas in Südamerika nutzt man auch als Lasttiere, vor allem jedoch wegen ihrer Wolle. Diese Kamele haben keine Höcker.

Alpakas sind kleiner als die Lamas und wesentlich leichter. Sie können fast schwarz, hellbraun bis fast weiß sein. Einmal im Jahr werden die Alpakas geschoren.

Das Fell der Lamas besteht aus sehr feiner und dichter Wolle. Die Tiere werden 1,5 bis 2 m lang, 80 bis 120 cm hoch und erreichen ein Gewicht von etwa 120 und 150 kg.

Die Indios

Man unterteilt die Ureinwohner in Andenvölker und Völker des Tieflandes.

Die bekanntesten Indiovölker sind die Quechua, die Aymara, Tupi und Mapuche.

Sie werden nach ihrem einstigen Herrschertitel auch Inka genannt.

Die Nachkommen der Indios bilden heute in vielen Staaten Südamerikas einen Großteil der Bevölkerung. Im Gebiet des Amazonas trifft man auch heute noch auf etwa 150 indigene Völker, die ca. eine Million Angehörige zählen.

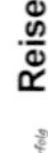

KOHL VERLAG

Osterinsel Rapa Nui

Polynesien / Chile

Kein anderer Platz unserer Erde ist weiter von einem anderen bewohnten Punkt entfernt als diese kleine Vulkaninsel, die seit 1888 zum 3.700 km entfernten Chile gehört, aber in Polynesien liegt.

Die riesigen Moai, von denen es mehrere Hundert gibt und deren Bedeutung bis heute nicht ganz geklärt ist, wurden direkt aus dem Vulkangestein gehauen. Die Durchschnittsgröße dieser Statuen liegt bei 4 Metern, die kleinste misst nur 2 Meter, während die größte fast 10 Meter hoch ist. Die fertigen Moai wurden von den Arbeitern zu den Ahu, Ritualstätten an der Küste, transportiert.

Wave Rock

Schon die Aborigines nannten ihn eine Welle aus Gestein. Wave Rock ist 15 Meter hoch und etwa 110 Meter lang. Der Granitfelsen sieht aus wie eine riesige, mitten in der Bewegung erstarrte Welle.

Laut Geologen wurde der Fels vor über 2,7 Milliarden Jahren durch Witterung und Erosion zu einer Welle geformt.

Wave Rock liegt in der Nähe von Hyden. Auf dem „Wellenkamm“ wurde 1928 ein Stausee zur Wasserversorgung der wachsenden Stadt angelegt.

Die Maori

Als Maori werden die Ureinwohner Neuseelands bezeichnet. In der Sprache der Maori bedeutet das Wort „normal“ oder „natürlich“.

Bis zur Ankunft der Europäer waren sie Sammler, Jäger oder Fischer. Ab den 1780er Jahren trafen dann Maori auf europäische Robben- und Walfänger. Einige heuerten auch auf diesen Schiffen an.

Die Maori sind berühmt für ihr Kunsthandwerk, besonders für Holzschnitzereien wie z. B. den Hei-Tiki. Er wird als Schmuck um den Hals getragen. Eine weitere Tradition der Maori ist die Tätowierung.

Die Aborigines

Die Ureinwohner Australiens werden als Aborigines bezeichnet. Wahrscheinlich gab es aber mehrere hundert Volksstämme, als die weißen Siedler den Kontinent entdeckten.

Sie hatten eine ganz eigene Kultur entwickelt und waren größtenteils als Jäger und Sammler unterwegs. Sie lebten von dem, was die Natur ihnen gab und gingen selbst sehr rücksichtsvoll mit den Pflanzen und Tieren um. Über Jahrtausende hielten sie an dieser Lebensweise fest und sie fuhren gut damit.

Etwa drei Viertel der Aborigines leben heute in Städten. Sie haben sich weitgehend der modernen Lebensweise angepasst.

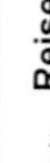

Reise um die Welt
Montessori – Bestell-Nr. 15 037
KOHL VERLAG

Besondere Tierwelt

In Australien-Ozeanien gibt es eine Reihe ganz besonderer Tiere:

Es gibt Tiere, die ihre Babys monatelang in einem Beutel mit sich herumtragen: das Känguru und der Koala. Beide sind Wahrzeichen für Australien.

Es gibt Vögel, die nicht fliegen können: der Emu und der Kiwi. Der Kiwi ist Neuseelands Nationalsymbol, nach ihm benennen sich sogar die Bewohner des Landes.

Und es gibt Säugetiere, die Eier legen, was eigentlich ja nur Vögel tun: das Schnabeltier und der Ameisenigel. Diese Tiere nennt man Kloakentiere.

Tahiti

Inmitten des Pazifiks bilden die Inseln von Tahiti ein beliebtes Reiseziel.

Tahiti ist die größte Insel von Französisch-Polynesien. Hauptstadt und größte Stadt ist Papeete. Tahiti besteht aus zwei erloschenen Vulkanen. Traditionell züchten die Polynesier viele Blütenpflanzen für die Gestaltung ihrer Feste und religiösen Zeremonien, darunter den Hibiskus.

Der wichtigste Wirtschaftszweig aber ist mittlerweile der Tourismus. Mit ihren schwarzen Sandstränden, Lagunen, Wasserfällen und 2 erloschenen Vulkanen ist Tahiti, neben Bora Bora, die touristisch am besten erschlossene Insel Polynesiens.

Kiwi

Da die Inseln Neuseelands schon seit sehr langer Zeit von allen anderen Landmassen getrennt sind und sich die Natur unabhängig entwickeln konnte, gab es vor der Besiedlung keine Landsäugetiere. So leben hier flugunfähige Vögel. Zu ihnen gehören z. B. die Kiwis. Sie sind die kleinsten Vertreter der Laufvögel und es gibt sie nur in Neuseeland. Sie sind etwa so groß wie ein Huhn. Das Gefieder ist graubraun und pelzartig.
Es hat einen langen, spitzen Schnabel, mit dem es im Laub nach Insekten sucht. Kiwis sind nachtaktiv.

Dazu kennen wir die Kiwifrucht. Ursprünglich stammt die Kiwi aus China. Mittlerweile wird die Frucht jedoch auch in Neuseeland und vielen anderen Ländern angebaut.

Pinguin

Der Zwergpinguin brütet als einzige Pinguinart auf dem australischen Festland.

Es handelt sich um die kleinste Pinguinart (ca. 25 cm).

Pinguine gibt es auch auf Neuseeland, in Südamerika und in Südafrika, sowie auf zahlreichen kleineren Inseln in den kälteren südlichen Meeren. Zwergpinguine nisten an den Stränden und in Sandhöhlen. An anderen Orten nisten sie in Felsspalten oder in Mulden im Boden.

In Städten sind auch Vorgärten ein beliebter Ort zum Nestbau, oft zum Ärger der Anwohner.

NORWAY
UNITED KINGDOM
CHILE
AUSTRALIA
WEST ANTARCTICA (UNCLAIMED TERRITORY)
NEW ZEALAND
FRANCE

Antarktis

Fläche: ~ 13,2 Millionen km²
Bevölkerung: nicht ständig bewohnt
Länder: Besitzansprüche auf Teilgebiete stellen Russland, die USA, Argentinien, Australien, Chile, Frankreich, Neuseeland, Großbritannien und Norwegen.

Eisbrecher

In den Polargebieten ist oft das gesamte Meer zugefroren. Dann gibt es für die meisten Schiffe kein Durchkommen mehr.

Nur Eisbrecher mit gepanzerten Außenwänden und starken Motoren können sich einen Weg durch das Polarmeer bahnen. Das deutsche Schiff „Polarstern" ist ein solcher Eisbrecher. Vorne am Bug hat es eine besonders spitze Stahlkante, mit der die Eisdecke auseinander gebrochen wird. Wenn die Eisschicht besonders dick ist, muss sich das Schiff einen Weg durch das Eis bahnen, indem es immer wieder vor- und zurückfährt.

Das Schiff versorgt auch die deutsche Forschungsstation in der Antarktis.

Eisberge

Meist entstehen sie dadurch, dass große Stücke eines Gletschers oder des Schelfeises abbrechen; die Gletscher kalben.

Eisberge bestehen überwiegend aus Süßwasser. Sie sind viel größer als sie aussehen, denn nur ein kleiner Teil von ihnen ragt aus dem Wasser. So sind sie für die Schifffahrt sehr gefährlich, weil man ihre wirkliche Größe nicht erkennen kann.

Als mögliche Folge der Erderwärmung brechen Eisberge in größeren Mengen als früher von den Gletschern der Antarktis ab.

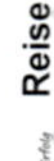

Neumayer-Station
AWI

HANDY TEMP
°F
°C
120 100 80 60 40 20 0 20 40
50 40 30 20 10 0 10 20 30

Forschungsstation

Die Antarktis gilt eigentlich als unbewohnt. Doch leben das ganze Jahr über Menschen im Eis rund um den Südpol. In mehr als 80 Forschungsstationen arbeiten bis zu 4.000 Wissenschaftler aus aller Welt.

Sogar im Winter bleiben rund 1.000 Forscher bei bis minus 40 °C hier: Biologen, die Tiere und Pflanzen erforschen, die man am Südpol findet. Geologen erforschen die Entwicklung des Eises oder besondere Phänomene, die es nur hier gibt. Meteorologen suchen in der Antarktis nach Erklärungen für bestimmte Entwicklungen des Wetters. Astronomen nutzen die besonders klare Luft, um die Sterne zu beobachten.

Entdeckung

Die beiden Konkurrenten im Kampf um das Erreichen des Südpols waren der Engländer Robert Falcon Scott (geb. 1868 – 1912) und der Norweger Roald Amundsen (geb. 1872 – 1928).

Obwohl beide Forscher mit ihren Teams fast gleichzeitig zum Marsch in Richtung Südpol aufbrachen, erreichte Amundsen am 14. Dezember 1911 als erster den südlichsten Punkt der Erde. Als Scott ebenfalls am Südpol ankam, hatte Amundsen schon längst wieder sein Ausgangslager erreicht.

Auf der Rückreise gerieten Scott und seine Begleiter in heftige Schneestürme. Sie kamen alle in dem eisigen Gebiet ums Leben.

Polarlicht

Um die Pole kann man oft interessante Lichter beobachten. Nordlicht oder Südlicht nennen wir sie. Polarlichter sind meistens von den Polen bis zu 60° nördlicher Breite zu sehen. Diese Erscheinungen am Himmel sieht man jedoch nur im Winter. Das tolle Lichtspiel erscheint in dunklen Nächten.

Wie entsteht es denn?

Dieses Farbspiel kann nicht durch die Sonne entstehen, denn die ist ja gar nicht da, wenn die Polarlichter leuchten. Das Licht entsteht, wenn elektrisch geladene Teilchen von der Sonne auf Gasteilchen der Luft treffen.

Temperaturen

Die Antarktis ist der kälteste Kontinent unserer Erde. Unter einer hunderte Meter dicken Eisdecke begraben, ist es am Südpol noch kälter als am Nordpol.

Die Antarktis ist aber nicht nur der kälteste Kontinent, sondern auch der windigste und trockenste Erdteil. Die Jahresdurchschnittstemperatur liegt im Landesinneren bei –55 °C.

In der Antarktis ist 2018 ein neuer weltweiter Kälterekord gemessen worden: minus 98,6 °C. Das sei die niedrigste bislang auf der Erdoberfläche gemessene Temperatur, berichten Forscher.

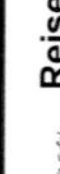

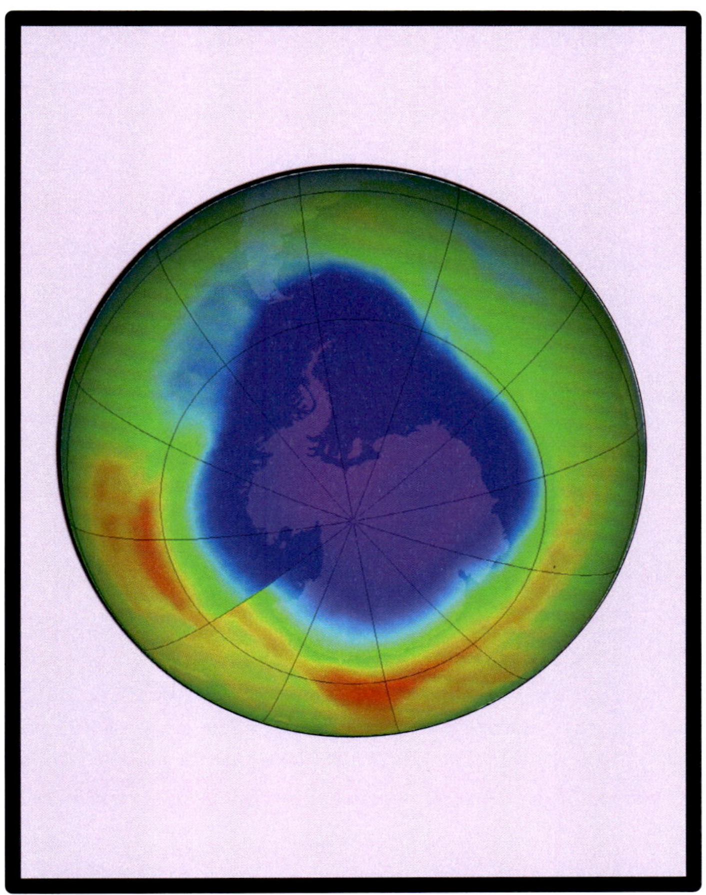

Krill

Am Anfang der Nahrungskette steht der Krill: ein kleines, krabbenähnliches Schalentier. Er gilt als Nahrungsquelle für alle größeren Tiere der Antarktis.

Der Masse nach von ungefähr 500 Millionen Tonnen ist der Krill wahrscheinlich die erfolgreichste Tierart der Welt.

Krill erreicht eine Körperlänge von höchstens 6 cm und wiegt bis zu 2 g. Er kann ein Höchstalter von sechs Jahren erreichen.

Ozonloch

Die Ozonschicht ist eine Art Schutzhülle, die die Erde umgibt. Zerstört wird die Ozonschicht unter anderem durch bestimmte chemische Stoffe, vor allem durch das Gas FCKW. Das wurde früher zum Beispiel häufig in Spraydosen und Kühlschränken verwendet. Steigt dieses Gas nach oben, zerstört es das Ozon in der Ozonschicht.

Durch das FCKW-Verbot hat sich die Ozonschicht in den vergangenen Jahren etwas erholt. Sie ist wieder dicker geworden und die Löcher sind kleiner.

Um den weiteren Abbau der Ozonschicht zu verhindern, ist es nötig, weltweit die Emission aller Stoffe zu verringern, die zum Abbau von Ozon beitragen.

Schwertwal und Seeleopard

Schwertwale sind sehr ehrgeizige Jäger, die es auf Robben, Seevögel und andere Wale abgesehen haben. Wenn Wale in Gruppen auf die Jagd gehen, sind sie in der Lage, Beutetiere, die viel größer als sie selber sind, zu verschlingen.

Der Seeleopard ist nach seinem gepunkteten Fell benannt. Diese Tiere sind für ihren aggressiven Charakter bekannt und zählen zu den größten Raubtieren der Antarktis. Sie nutzen ihre kräftigen Krallen und langen Zähne, um Fische, Tintenfische, Pinguine und sogar andere Robben zu jagen.

Wale und Robben

Meeressäuger bringen lebende Junge zur Welt und atmen durch die Lungen, nicht durch Kiemen wie die Fische. Im Laufe der Zeit bildeten sich ihre Vorderbeine zu Flossen um.

Es gibt vier Robbenarten, die in den antarktischen Gewässern leben: der Seeleopard, der Krabbenfresser, die Weddellrobbe und der Südliche Seeelefant. Sie jagen, indem sie ihrer Beute auflauern.

Im Sommer sind die antarktischen Gewässer von Blauwal, Finnwal, Buckelwal, Zwergwal und dem Südlichen Glattwal bevölkert, die auf der Jagd nach Fischen, Tintenfischen, Pinguinen und Plankton sind.

Tourismus

Selbst in der Antarktis sind immer mehr Touristen unterwegs. Die Tiere werden durch Schiffe und Fluglärm gestört, und der Müllberg wächst.

Während Anfang der 90er Jahre etwa 1.000 Touristen die Antarktis besuchten, waren es 2010 schon über 30.000, 2018 knapp 45.000.

Doch bei allen Reisen in das antarktische Gebiet müssen die Bestimmungen des Antarktisvertrags eingehalten werden. Daher wurde schon vor 20 Jahren beschlossen, Antarktistouristen und Touristikunternehmen einen strengen Verhaltens- und Maßnahmenkatalog mitzugeben.

Pinguine

Pinguine ernähren sich vor allem von Krill und kleinen Fischen. Sie verbringen die meiste Zeit im Wasser, kommen aber üblicherweise an Land, um sich zu paaren und ihre Kleinen aufzuziehen.

Der Kaiserpinguin ist der größte aller Pinguine, er kann bis 1,3 m groß werden. Der Königspinguin ist der Zweitgrößte. Adeliepinguine leben das ganze Jahr über in der Antarktis und auf den umgebenden Inseln. Die Eselpinguine sind die schnellsten Schwimmer unter den Pinguinen. Die Felsenpinguine springen gern von Fels zu Fels auf den steinigen Teilen der Inseln im Norden der Antarktis.

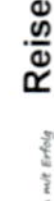

KOHL VERLAG Lernen mit Erfolg
Reise um die Welt
Montessori – Bestell-Nr. 15 037

Petersdom	Kolosseum	Akropolis	Die Pyrmiden von Gizeh	Die Tempel von Abu Simbel
Kölner Dom	Schloss Neuschwan-stein	Tower Bridge	Big Ben	Der schiefe Turm von Pisa
Die Chinesische Mauer	La Sagrada Familia	Eiffelturm	Sacré Cœur	Branden-burger Tor
Felsendom und Klagemauer	Die Kaaba in Mekka	Kreml	Basilius-Kathedrale und Roter Platz	Die verbotene Stadt
Angkor Wat	Burj Khalifa	Felsenstadt Petra	Blaue Moschee	Taj Mahal
Freiheits-statue	Chichén Itzá	Zuckerhut	Cristo Redenor	Macchu Piccho
Golden Gate Bridge	One World Trade Center	Weißes Haus Washington	Kapitol	Empire State Building
Ayers Rock - Uluru	Sydney Harbour Bridge	Osterinsel Rapa Nui	Opernhaus Sydney	Mount Rushmore

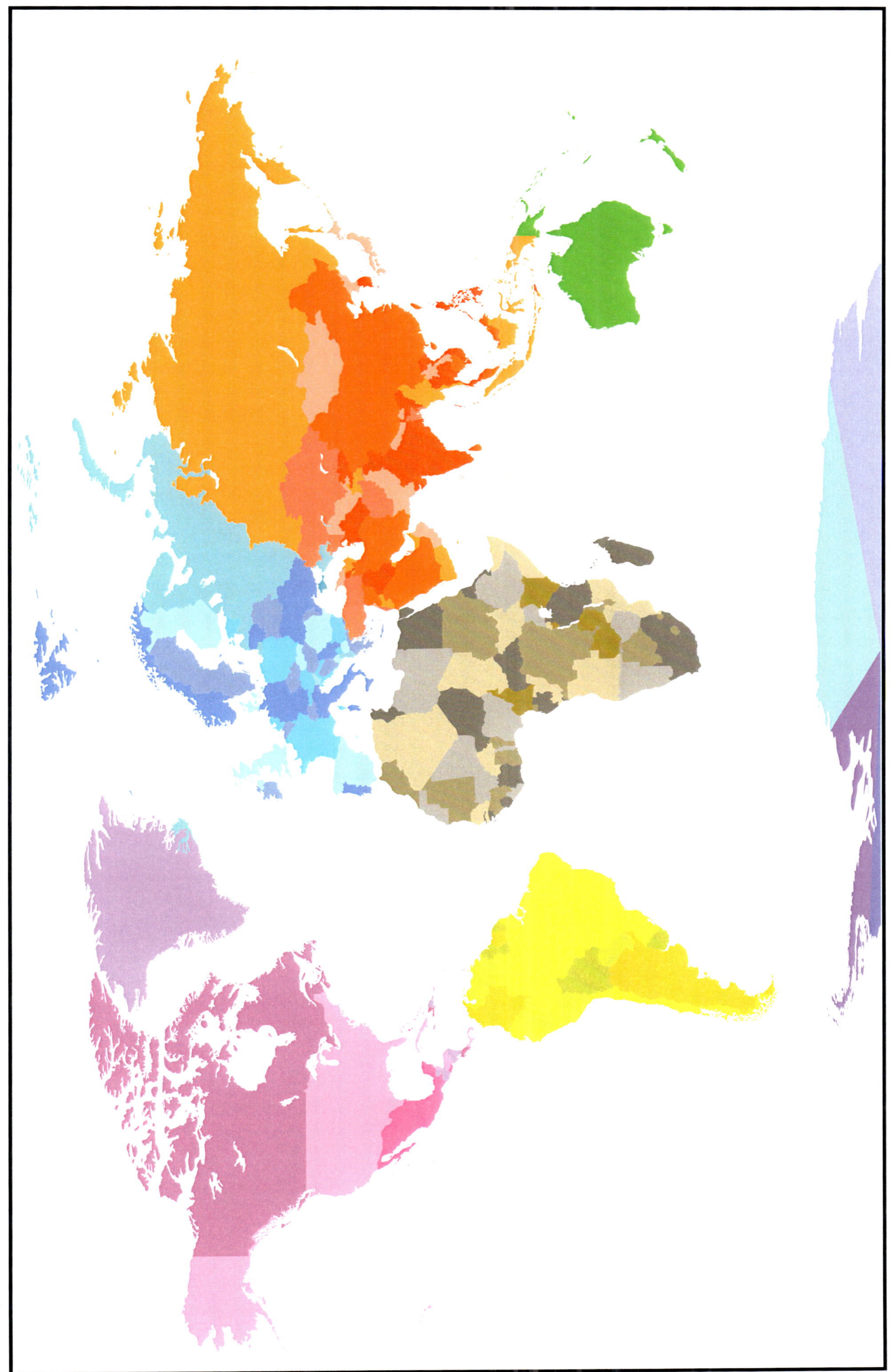